Alle Jahre wieder machen wir uns auf die Suche nach stimmungsvollen Ideen, um unsere guten Wünsche für die Festtage und für ein glückliches neues Jahr zu überbringen. Für Menschen, die uns nahe stehen, kommen sie besonders von Herzen und sollen deshalb individuell und persönlich sein. Elegant und edel für die einen, zurückhaltend und mit klarer Formensprache für die anderen. Ob in winterlichen Farben oder mit festlichem Glanz, traditionell oder kindlich – Ihre selbst gestalteten Weihnachtsgrüße werden etwas ganz Besonderes sein.

Dabei muss es nicht immer eine Karte sein. Hängen Sie doch einmal eine beschriftete Weihnachtskugel an die Türe oder hinterlassen Sie eine klitzekleine festliche Schachtel auf dem Schreibtisch im Büro. Auch mit einem selbst gestalteten Geschenkanhänger bringen Sie Ihre Wertschätzung zum Ausdruck.

Ich wünsche Ihnen viel Freude mit den kreativen Ideen in diesem Buch und schöne Stunden beim Gestalten Ihrer Weihnachtspost!

Alles Gute für Sie, Ihre

Helene Ludwig

Winterromanze

in zarten Farben

MATERIAL

KARTE

* Doppelkarte in Rosa metallic, DIN lang
* Tonkarton Mi Teintes in Rosé foncé, 3,5 cm x 21 cm
* Tonkarton in Bronze metallic, 6,5 cm x 6,5 cm, und Champagner metallic, 6 cm x 6 cm
* Strohseide in Natur, 5 cm x 30 cm, in Olivgrün, 3 cm x 5 cm, und in Altrosa, 5 cm x 10 cm
* Transparentpapier in Rosenholz, 20 cm x 20 cm (Einlegeblatt)
* Stempel: Fröhliche Weihnachten
* Stempelkissen in Farblos
* Embossingpulver in Gold extrafein
* doppelseitiges Schaumklebeband, 2 mm stark
* doppelseitiges Klebeband, 6 mm breit
* Bastelkleber

ANHÄNGER

* Tonkarton Mi Teintes in Rosé foncé, 5,5 cm x 14 cm
* Tonpapier Fabrizius in Rosa metallic, 4,5 cm x 14 cm
* Strohseide in Olivgrün, 2 x 3 cm x 6 cm, und in Natur, 2 x 3 cm x 6 cm
* Stempel: Besinnliche Weihnachtstage
* Stempelkissen in Farblos
* Embossingpulver in Gold
* Voileband in Pfirsich, 1,5 cm breit, 30 cm lang
* Satinband in Altrosa, 3 mm breit, 30 cm lang
* doppelseitiges Klebeband, 6 mm breit
* Bastelkleber
* Lochzange, ø 6 mm

VORLAGEN

Bogen A

Karte

1 Stempeln Sie den Schriftzug auf den Tonkartonstreifen in Rosé und kleben Sie diesen mit dem Klebeband auf die Kartenvorderseite. Anschließend den Tonkarton in Champagner mit dem Klebeband auf den Tonkarton in Bronze kleben. Das vorbereitete Quadrat mit dem Schaumklebeband auf der Karte anbringen.

2 Für den Weihnachtsstern insgesamt acht naturfarbene und drei grüne Blätter aus Strohseide anfertigen (siehe Tipp). Anschließend die Blätter der Länge nach falten und zu einer Kugel knüllen. Danach die Blätter wieder vorsichtig öffnen, aber nicht glatt streichen. Für die Blütenmitte drei rosa Kügelchen knüllen. Jedes Teil der Blüte wird am unteren Ende mit einem klitzekleinen Tropfen Bastelkleber auf die Karte geklebt.

3 Das Einlegeblatt in der Mitte falten. Sie können es einfach lose in die Karte legen oder mit einem Streifen Klebeband entlang des Kartenfalzes fixieren. Der Klebebandstreifen wird als dunklere Linie sichtbar sein. Zum Beschriften eignet sich ein Gelstift oder Lackmalstift in Gold.

Anhänger

1 Für den Geschenkanhänger stempeln Sie den Schriftzug wie abgebildet auf das rosafarbene Struktur-Tonpapier. Das Tonpapier wird mit einem Streifen Klebeband nur am linken Rand auf den Tonkarton geklebt.

2 Die zwei Ilexblätter können Sie mithilfe der Vorlage oder aber auch freihand schneiden (siehe Tipp). Das fertige Blatt längs knicken und mit etwas Bastelkleber am unteren Blattende auf den Geschenkanhänger kleben. Die naturfarbene Strohseide zu zwei Kugeln formen und ebenfalls mit Bastelkleber befestigen.

3 Den Anhänger lochen, die Bänder durchziehen und miteinander verknoten. Wenn Sie möchten, können Sie das bestempelte Tonpapier hochklappen und auf den darunterliegenden Tonkarton den Namen des Beschenkten oder ein paar persönliche Worte schreiben.

Mein Tipp für Sie

Freies Arbeiten Für das Herstellen des Weihnachtssterns ist es hilfreich, wenn Sie nicht allzu akribisch arbeiten. Sie finden eine Vorlage für die einzelnen Blätter auf dem Vorlagenbogen, aber es macht mehr Freude, wenn Sie frei arbeiten. Schneiden Sie dazu ein etwa 3 cm breites Stück von der Strohseide ab. Jedes Blütenblatt hat einen kurzen Stiel und gegenüber eine langgezogene Spitze. Schneiden Sie nun vom Stiel in lockeren Kurven zur Spitze und von dort wieder zurück zum Stiel. Jedes Blatt soll und kann individuell aussehen. Durch die gleich großen Papierstücke werden sie ähnlich groß sein.

Stille Nacht, heilige Nacht

Maria und Joseph und der Stern von Bethlehem

MATERIAL

KARTE

* Crinklepapier Metallic in Puder, 23 cm x 33 cm
* Prägekarton Struktura Leinen Pearl in Ivory, 9 cm x 9 cm
* Tonkarton Glimmer in Braun, 9 cm x 14 cm
* Tonpapier in Dunkelbraun matt, 8,5 cm x 9,5 cm und 15 cm x 21 cm
* Motivstempel: Krippe
* Stempelkissen in Farblos
* Embossingpulver in Kupfer
* Voileband in Braun, 1,5 cm breit, 50 cm lang
* Lackmalstift in Kupfer, Strichstärke 2–4 mm
* doppelseitiges Schaumklebeband, 1 mm stark
* doppelseitiges Klebeband, 1,2 cm breit
* Lochzange, ø 6 mm
* Falzbein

ANHÄNGER

* Prägekarton Struktura Leinen Pearl in Ivory, 6,3 cm x 7,3 cm
* Tonkarton Glimmer in Braun, 8 cm x 10,5 cm
* Tonkarton in Nougat metallic, 3 cm x 6 cm
* Tonpapier in Dunkelbraun matt, 7 cm x 8 cm
* Stempel: Ein gesegnetes Weihnachtsfest
* Stempelkissen in Farblos
* Embossingpulver in Kupfer
* Motivlocher: Stern, ca. ø 2,5 cm
* Organzaband mit Satinkante in Braun, 1 cm breit, ca. 20 cm lang
* doppelseitige Schaumklebepads, 2 mm stark, 5 mm x 5 mm
* doppelseitiges Klebeband, 1,2 cm breit

Karte

1 Das Crinklepapier im Querformat nehmen und von der rechten und linken Seite jeweils ein Viertel nach vorn falten. Stempeln Sie das Motiv auf den Prägekarton und reißen Sie die Kanten nach vorn ab. Wird nach hinten gerissen, sehen die Kanten anders aus – probieren Sie aus, was Ihnen besser gefällt.

2 Den Prägekarton mit Klebeband auf das matte Tonpapier und diesen auf den Tonkarton mit Glimmer kleben. Das fertige Motivteil mit dem Schaumklebeband auf eine Klappe kleben. Auf der anderen Seite ebenfalls ein Stück Schaumklebeband anbringen, von diesem jedoch nicht das obere Trägerpapier abziehen. So liegt das Motiv gerade und die Karte lässt sich dennoch öffnen.

3 Auf das verbliebene Stück Tonpapier mit dem Lackmalstift die persönlichen Grüße schreiben und das Papier mit Klebeband innen in die Karte kleben. Schließlich stanzen Sie mit der Lochzange entsprechend der Abbildung zwei Löcher, ziehen das Voileband durch und binden eine nette Schleife.

Anhänger

Den Schriftzug auf den Prägekarton stempeln. Anschließend alle Teile wie abgebildet übereinander fixieren. Zuletzt zwei ausgestanzte Sterne mit Schaumklebepads befestigen, oben ein Loch einstanzen und das Band anbringen.

Mein Tipp für Sie

Ein Kuvert verwenden Das handgeschöpfte Crinklepapier ist unempfindlich und lässt sich sehr gut falten. Sollten Sie einmal ein Kuvert benötigen, schneiden Sie den Bogen Crinklepapier auf das Format A4. Dann können Sie Kuverts für A5-Karten verwenden.

Ein gesegnetes
Weihnachtsfest
und die besten
Wünsche
zum neuen Jahr

Sternenklar

und vielversprechend

MATERIAL LANGE KARTE

* Prägekarton Struktura Leinen matt in Aubergine, 16,5 cm x 23 cm
* Tonkarton Perlmutt schillernd in Weiß, 6,8 cm x 20 cm
* Tonkarton in Aubergine metallic, 6 cm x 19 cm
* Tonpapier Artoline in Flieder, 10 cm x 21 cm
* Stempel: Frohe Weihnachten
* Stempelkissen in Farblos
* Embossingpulver in Platin
* Satinband in Aubergine, 3 mm breit, 70 cm lang
* 2 Filzsterne in Brombeer, ø 5,5 cm
* doppelseitiges Klebeband, 6 mm breit
* Falzbein

QUADRATISCHE KARTE

* ½ Doppelkarte in Aubergine metallic, DIN lang
* Tonkarton Perlmutt schillernd in Weiß, 3,5 cm x 10,5 cm
* Tonpapier Artoline in Flieder, 2 cm x 10,5 cm und 7 cm x 7 cm
* Stempel: Für einen besonderen Wunsch
* Stempelkissen in Farblos
* Embossingpulver in Platin
* Satinband in Aubergine, 3 mm breit, 32 cm lang
* 2 Filzstern in Brombeer, ø 5,5 cm
* 5 selbstklebende Kristallsteine in Pink, ø 3 mm
* Gelstift in Silber
* doppelseitiges Klebeband, 6 mm breit
* Bastelkleber
* Skalpell

Lange Karte

1 Den Prägekarton einmal längs knicken, dafür die Faltlinie auf der Vorderseite unbedingt mit dem Falzbein vorprägen. Stempeln Sie dann den Schriftzug rechts unten auf den Tonkarton in Aubergine und kleben Sie die beiden Tonkartons übereinander auf die Kartenvorderseite.

2 Das Satinband wie abgebildet um die Karte knoten und die beiden Filzsterne fixieren. Ihre Grüße können Sie mit einem silberfarbenen Gelstift oder Lackmalstift auf das Tonpapier schreiben.

Quadratische Karte

1 Stempeln Sie den Schriftzug auf den unteren Kartenrand. Dann die verschiedenen Papiere wie abgebildet aufkleben. Mit dem Skalpell in den Kartenfalz einen kleinen Schnitt für das Satinband setzen. Dieses durchziehen, um den Kartendeckel legen und verknoten.

2 Kleben Sie nun den Filzstern auf die Karte und beschriften Sie das quadratische Stück Tonpapier mit dem Gelstift. Das Tonpapier mit den Kristallen dekorieren und in die Karte kleben.

Für einen besonderen Wunsch
Frohe Weihnachten

Besinnliche Weihnachtstage

und ein glückliches neues Jahr

MATERIAL

GROSSE KARTE

* Doppelkarte in Linde, A5
* Prägekarton Struktura Leinen Pearl in Ivory, 9 cm x 15 cm
* Tonkarton Mi Teintes in Vert océan, 6 cm x 6 cm
* Tonkarton in Bronze metallic, 10 cm x 16 cm
* Tonkarton Starlight in Mint, 6 cm x 6 cm
* Transparentpapier in Vanille, 4 cm x 21 cm und 20 cm x 28,7 cm (Einlegeblatt)
* Stempel: Besinnliche Weihnachtstage
* Motivstempel: Stern
* Stempelkissen in Farblos
* Embossingpulver in Gold
* Papierkordel in Linde, 2 mm stark, 2 x 20 cm lang
* doppelseitiges Schaumklebeband, 2 mm stark
* doppelseitiges Klebeband, 6 mm breit
* Bastelkleber

KLEINE KARTE

* Doppelkarte in Ivory, B6 quer
* Prägekarton Struktura Leinen Pearl in Ivory, 6,3 cm x 7,3 cm
* Tonkarton in Linde, 7,2 cm x 7,2 cm und 10,5 cm x 14,8 cm (Innenkarte)
* Transparentpapier in Vanille, 6,5 cm x 21 cm
* Motivstempel: Engelszauber
* Stempelkissen in Farblos
* Embossingpulver in Gold
* 12 selbstklebende Kristallsteine in Gold, ø 2 mm
* doppelseitiges Klebeband, 6 mm breit

Große Karte

1 Stempeln Sie den Stern einmal auf den Tonkarton Starlight und einmal auf den Tonkarton Mi Teintes. Den Schriftzug zentriert auf das Transparentpapier stempeln. Schneiden Sie die beiden Sterne aus.

2 Den Tonkarton in Bronze und den Prägekarton mit Klebeband auf die Kartenvorderseite kleben. Die beiden Papierkordelstücke wie abgebildet formen und etwa in der Mitte mit etwas Bastelkleber auf der Karte befestigen. Am oberen Ende jeweils einen der Sterne mit Schaumklebeband anbringen.

3 Das Transparentpapier über die Karte legen, die überstehenden Enden nach hinten knicken und auf der Rückseite bzw. auf der Innenseite mit jeweils einem Streifen Klebeband ankleben.

Kleine Karte

1 Kleben Sie die beiden Kartonquadrate mit Klebeband übereinander auf die Weihnachtskarte. Dann den Engel mittig auf das Transparentpapier stempeln. Den Streifen über die Karte legen, die überstehenden Enden nach hinten knicken und mit Klebeband befestigen.

2 Die Innenkarte in Linde zum Beispiel mit einem Gelstift in Gold beschriften und in die Karte kleben. Das Loch stanzen und das Band anbringen. Schließlich die kleinen Kristalle aufkleben.

Mein Tipp für Sie

Steine aufkleben Die kleinen selbstklebenden Kristalle lassen sich sehr einfach mit einer Pinzette verarbeiten. Im Fachhandel erhalten Sie Pinzetten mit abgeknickter Spitze, die sich hierfür besonders eignen.

BESINNLICHE
Weihnachtstage
UND EIN GLÜCKLICHES NEUES JAHR
Frohes Fest

Kleine Weihnachtskarten

die von Herzen kommen

MATERIAL
PRO KARTE

* für das Karten-Grundmodell Tonpapier in Bronze metallic, Weinrot oder Champagner
* verschiedene Papiere, z. B. Tonkarton in Dunkelrot, Tonkarton Glimmer in Gold, Prägekarton Struktura Leinen Pearl in Grün oder Tonpapier in Champagner metallic
* ggf. Motivstempel: z. B. Weihnachtsmann, Tannenbäume, Herz mit Flügeln
* ggf. Textstempel: z. B. Frohe Weihnachten
* Stempelkissen in Farblos
* Embossingpulver in Gold
* ggf. Motivlocher: Stern, ca. ø 2,5 cm
* ggf. selbstklebende Kristallsteine in Gold, ø 2 mm
* verschiedene Bänder und Kordeln
* doppelseitiges Schaumklebeband, 2 mm stark
* doppelseitiges Klebeband, 6 mm breit

Alle Karten

Mit dieser Auswahl kleiner Karten möchte ich Sie zum fantasievollen freien Gestalten anregen. Außerdem sind sie eine prima Verwertungsmöglichkeit für kleine Papierstücke. Orientieren Sie sich bei der Ausgestaltung an den gezeigten Beispielen und an Ihrem eigenen Fundus an Papieren, Stempeln oder Bändern. Die verwendeten Techniken werden alle in der allgemeinen Anleitung beschrieben. Für das Falten der beiden ausgefallenen Grundmodelle finden Sie selbstverständlich hier die Anleitung.

Quadrat

Schneiden Sie das untere Stück eines A4-Bogens ab, sodass ein Quadrat entsteht. Das Quadrat diagonal falten, wieder öffnen und umdrehen. Nun das Papier nacheinander längs und quer falten und jeweils wieder öffnen. Jetzt ist es möglich, das große Quadrat so zusammenzuklappen, dass ein kleineres Quadrat entsteht.

Leporello

Halbieren Sie einen A4-Bogen der Länge nach. Einen Streifen nehmen und in der Mitte knicken. Nun das obere und untere Viertel nach außen knicken. Mit der Lochzange ganz außen ein Loch durch alle Schichten stanzen.

Lassen Sie Ihrer Fantasie freien Lauf

Bei diesen kleinen Modellen haben Sie immer eine quadratische oder rechteckige Fläche zur Dekoration. Seien Sie kreativ und gestalten Sie jede Karte als Unikat – je nachdem, welche Materialien Ihnen zur Verfügung stehen. Innen bleibt viel Platz für Ihre persönlichen Worte, für Bilder oder einen Gutschein. Selbstverständlich kann man diese Karten ebenfalls als Geschenkanhänger verwenden. Ich selbst mag diese Art kleiner, unkomplizierter Weihnachtspost auch gerne für Kolleginnen und Kollegen oder nette Geschäftspartner im Advent.

FROHE
WEIH
NACHTEN
JOYEUX
NOEL
BUON
NATALE
NAVIDAD
SCHÖNI
WIENACHT
MERRY
XMAS

Grenzenlose Weihnachtsgrüße

in Winterfarben

Karte

1 Schneiden Sie von der vorderen Klappe der Karte die Hälfte ab, stempeln Sie das Stempelmotiv darauf und schneiden Sie den Streifen zu. Das Transparentpapier mittig falten und um die Doppelkarte legen. Knoten Sie das Band entsprechend der Abbildung um die Karte und binden Sie eine schöne Schleife.

2 Kleben Sie mit Klebeband den Karton mit dem Motiv auf den Tonkarton in Oliv und diesen mit dem 1 mm starken Schaumklebeband auf den olivgrün schimmernden Tonkarton. Dann alles mit einem langen Stück des 3 mm starken Schaumklebebands auf der Karte anbringen. Dadurch fixieren Sie gleichzeitig das Transparentpapier und das Band.

3 Ihre Weihnachtswünsche können Sie mit einem Lackmalstift oder Gelstift in Silber auf den blauen Tonkarton schreiben. Wenn Sie nur eine Seite beschreiben, haben Sie die Möglichkeit, den Einleger mit der unbeschrifteten Seite nach vorn in die Karte zu legen. So ist Ihr persönlicher Text nicht sichtbar.

Anhänger

1 Kleben Sie den Prägekartonstreifen mit dem Klebeband auf den Tonkarton in Classicblue und schneiden Sie das überstehende Ende wie abgebildet zu. Einen Streifen Klebeband auf den olivgrün schimmernden Tonkarton kleben und einzelne Punkte ausstanzen. Anschließend die Punkte in einer Reihe auf den Prägekarton kleben.

2 Das Transparentpapier mittig mit dem Stempel embossen und auf den Tonkarton in Weiß metallic legen. Die überstehenden Enden nach hinten knicken und dort befestigen. Das Motivteil mit dem Schaumklebeband auf den Anhänger kleben.

MATERIAL KARTE

* Doppelkarte in Weiß metallic, DIN lang
* Tonkarton in Classicblue, 9,8 cm x 21 cm
* Tonkarton Glimmer in Olivgrün, 4 cm x 13 cm
* Tonkarton in Oliv, 3,3 cm x 12,2 cm
* Transparentkarton in Aquamarin, 5 cm x 21 cm
* Stempel: Grenzenlos
* Stempelkissen in Farblos
* Embossingpulver in Silber
* Organzaband mit Satinkante in Classicblau, 1 cm breit, 60 cm lang
* doppelseitiges Schaumklebeband, 1 mm und 3 mm stark
* doppelseitiges Klebeband, 6 mm breit

ANHÄNGER

* Prägekarton Struktura Leinen matt in Olivgrün, 2,1 cm x 22,5 cm
* Tonkarton in Classicblue, 4,5 cm x 19 cm
* Tonkarton in Weiß metallic, 3,5 cm x 12 cm
* Tonkartonrest Glimmer in Olivgrün
* Transparentkarton in Aquamarin, 3 cm x 18 cm
* Stempel: Grenzenlos
* Stempelkissen in Farblos
* Embossingpulver in Silber
* Organzaband mit Satinkante in Classicblau, 1 cm breit, 30 cm lang
* doppelseitiges Schaumklebeband, 1 mm stark
* doppelseitiges Klebeband, 1,2 cm breit
* Lochzange, ø 6 mm

Frohe Weihnachten
FROHES FEST
UND EIN GUTES NEUES JAHR

Weihnachtspost

in zauberhafter Farbharmonie

Karte mit Stern

1 Den Schriftzug rechts unten auf die Karte stempeln. Kleben Sie dann den roten Tonkarton und den Motivkarton mit Klebeband auf. Knoten Sie das Karoband um den Kartendeckel und binden Sie eine schöne, voluminöse Schleife.

2 Stanzen Sie mit dem Motivlocher einen Stern aus dem Crinklepapier, kleben Sie ihn auf den dunkelblauen Tonkarton und schneiden Sie diesen von Hand so nach, dass ein schmaler Rand zu sehen bleibt. In die Mitte des Sterns den Kristallstern kleben und den fertigen Stern auf der Karte fixieren.

Karte mit Tanne

1 Fertigen Sie eine Schablone für den Tannenbaum. Legen Sie dazu ein dünnes Papier auf den Vorlagenbogen und pausen Sie die Konturen durch. Die Vorlage auf den blauen Tonkarton legen und mit einem Bleistift nachfahren. Den Baum ausschneiden. Da er symmetrisch ist, können Sie ihn so aufkleben, dass die Seite mit den Bleistiftlinien unten ist, falls diese an einzelnen Stellen noch zu sehen sein sollten. Den Tannenbaum mit Abstandsklebeband mittig auf der Karte fixieren.

2 Den Schriftzug auf den weißen Tonkarton stempeln und freihand ausschneiden. Das Kärtchen mit Klebeband auf den weinroten Tonkarton kleben und nochmals mit etwas Abstand ausschneiden; mit dem Schaumklebeband auf der Karte befestigen. Das Karoband zur Schleife binden und mit einem Tropfen Klebstoff über das Kärtchen kleben, sodass es wie ein Geschenk aussieht.

3 Verteilen Sie die Kristallsteine und die Sterne dekorativ über den Baum. Zuletzt mit einem silbernen Lackmalstift die persönlichen Weihnachtswünsche auf den weinroten Tonkarton schreiben und diesen mit Klebeband in die Karte kleben.

Hinweis: Auf www.frech.de/topp3864/ steht die Vorlage auch einfach zum Downloaden und Ausdrucken bereit.

MATERIAL

KARTE MIT STERN

* Doppelkarte in Weinrot, DIN lang quer
* Tonkarton in Baccara metallic, 7,5 cm x 10,5 cm
* Motivkarton in Hellblau-Weiß gemustert, 6,7 cm x 10,5 cm
* Tonkarton Mi Teintes in Bleu indigo, 6 cm x 6 cm
* Crinklepapier Metallic in Nachtblau, 5 cm x 5 cm
* Stempel: Frohe Weihnachten
* Stempelkissen in Farblos
* Embossingpulver in Platin
* Motivlocher: Stern, ø 5 cm
* selbstklebender Kristallstern in Kristall, ø 6 mm
* Karoband in Weinrot-Weiß, 1,5 cm breit, 55 cm lang
* doppelseitiges Schaumklebeband, 2 mm stark
* doppelseitiges Klebeband, 6 mm breit

KARTE MIT TANNE

* Doppelkarte Starlight in Dunkelblau, Quadrat
* Tonkarton Mi Teintes in Bleu indigo, 14 cm x 14 cm
* Tonkarton in Weinrot, 4 cm x 4,3 cm und 15 cm x 15 cm (Innenkarte)
* Tonkarton in Weiß metallic, 3,5 cm x 3,8 cm
* Stempel: Frohes Fest
* Stempelkissen in Farblos
* Embossingpulver in Silber
* 7 selbstklebende Kristallsterne in Kristall, ø 6 mm
* ca. 15 selbstklebende Kristallsteine in Rot, ø 3 mm
* Karoband in Weinrot-Weiß, 5 mm breit, 30 cm lang
* doppelseitiges Schaumklebeband, 3 mm stark
* doppelseitiges Klebeband, 6 mm breit
* Bastelkleber

VORLAGE

Bogen B

Kleine Elchparade

überbringt die besten Weihnachtswünsche

MATERIAL

KARTE MIT BAUM

- ½ Doppelkarte in Weinrot metallic, E6
- Tonkarton Glimmer in Gold, 4,7 cm x 4,7 cm
- Motivkarton in Rot mit Punkten, 4 cm x 4 cm
- Prägekarton Struktura Leinen Pearl in Grün
- Stempel: Fröhliche Weihnachten
- Stempelkissen in Farblos
- Embossingpulver in Transparent
- Motivlocher: Tannenbaum mit Stamm
- Taftband mit Leinenstruktur in Weinrot, 1 cm breit, 50 cm lang
- doppelseitiges Schaumklebeband, 2 mm stark
- doppelseitiges Klebeband, 6 mm breit

KARTE MIT ELCHEN

- Doppelkarte in Creme metallic, E6
- Motivkarton in Rot mit Punkten, 6,4 cm x 25 cm
- Tonkarton in Weinrot metallic, ca. 4 cm x 12 cm
- Tonkarton Glimmer in Gold, 3 cm x 4 cm
- Stempel: Die besten Wünsche zu Weihnachten
- Stempelkissen in Farblos
- Embossingpulver in Gold
- Motivlocher: Elch, ca. 3,5 cm hoch
- Taftband mit Leinenstruktur in Weinrot, 1 cm breit, 40 cm lang
- doppelseitiges Schaumklebeband, 2 mm stark
- doppelseitiges Klebeband, 6 mm breit
- Skalpell

Karte mit Baum

Die einzelnen Teile wie auf der Abbildung zusammenfügen. Den Schriftzug auf die untere Häfte der Karte stempeln, dann das Quadrat mit dem Baum zentriert im oberen Teil der Karte mit Schaumklebeband anbringen. Zuletzt das Band um die Karte zur Schleife binden.

Karte mit Elchen

1 Den Text unten rechts auf die Karte stempeln und den Motivkarton mit dem Klebeband befestigen. In den Kartenfalz mit dem Skalpell einen kleinen Schnitt setzen, das Band durchziehen und verknoten.

2 Stanzen Sie nun aus dem weinroten Tonkarton und dem goldfarbenen Tonkarton die Elche aus. Die roten Elche mit dem Klebeband befestigen, den goldfarbenen mit Schaumklebeband.

Mein Tipp für Sie

Basteln mit Kindern Diese Karte können Sie auch problemlos mit Kindern basteln. Die Elche dürfen dann auch ganz bunt sein oder Augen aus kleinen, klaren Kristallen haben. Für alle, die eine größere Zahl Karten benötigen, eignet sich dieses einfache, aber doch interessante Modell ebenfalls.

Die besten
Wünsche zu
Weihnachten
und
ein gutes
neues
Jahr!

Zauberhafte Nordlichter

drei Elche voller Vorfreude

MATERIAL

KARTE

* Lederpapier in Hellbraun, 10,5 cm x 33 cm
* Prägekarton Struktura Leinen Vintage in Meergrün, 6,5 cm x 12 cm
* Transparentkarton in Aquamarin, 6 cm x 9,5 cm und 9 cm x 19 cm
* Elefantenhautpapier in Natur, 4,7 cm x 8 cm
* Stempel: Frohe Weihnachten
* Motivstempel: Elche (Nordlichter)
* Stempelkissen in Farblos
* Embossingpulver in Schokolade und Transparent
* Konturenschere: Büttenrand
* Karoband in Türkis-Weiß, 1 cm breit, 25 cm lang
* Satinband in Braun, 3 mm breit, 15 cm lang
* Schelle in Messing, ø 1,1 cm
* doppelseitiges Schaumklebeband, 2 mm stark
* doppelseitiges Klebeband, 6 mm breit
* Bastelkleber

ANHÄNGER MIT KETTE

* Doppelkarte in Nougat metallic, 7,4 cm x 10,5 cm (A7)
* Prägekarton Struktura Leinen Vintage in Meergrün, 6 cm x 7 cm
* Elefantenhautpapier in Natur, 5 cm x 6 cm
* Stempel: Die besten Wünsche
* Stempelkissen in Farblos
* Embossingpulver in Schokolade
* Karoband in Türkis-Weiß, 1 cm breit, 40 cm lang
* Wollschnur in Türkis, ø ca. 1 cm
* Filzsterne in 2 x Türkis, 2 x Creme und 1 x Braun
* Kiefernzapfen
* doppelseitiges Schaumklebeband, 1 mm stark
* doppelseitiges Klebeband, 6 mm breit
* Bastelkleber
* Lochzange, ø 6 mm

Karte

1 Das Lederpapier falten und die seitlichen Kanten mit Klebeband verschließen. Stempeln Sie dann das Motiv auf das Elefantenhautpapier (in Schokolade) und den Schriftzug oben auf das große Transparentpapierstück (in Farblos).

2 Die Kanten des kleinen Transparentpapierstücks mit der Konturenschere nachschneiden. Dann die einzelnen Papiere wie abgebildet mit Klebeband bzw. Schaumklebeband aufeinander fixieren und auf der Karte anbringen.

3 Das Satinband um die Schelle zur Schleife binden und mit einem kleinen Tropfen Bastelkleber anbringen. Schließlich die Innenkarte lochen, mit dem Karoband versehen und in die Papiertasche einstecken.

Anhänger mit Kette

Das Elefantenhautpapier mit dem Text embossen, auf das meergrüne Rechteck kleben und auf der Karte fixieren. Die Karte lochen und das Karoband durchziehen. Die einzelnen Teile wie abgebildet an der Filzschnur befestigen.

Zauberschön

und himmlisch Lila

Karte mit Engel

1 Stempeln Sie den Schriftzug an den unteren Kartenrand, das Motiv auf den Tonkarton in Lavendel und zusätzlich auf ein Stück des Tonkartons in Weiß metallic. Von letzterem schneiden Sie den Stern aus und kleben ihn mit etwas Schaumklebeband auf.

2 Den Tonkarton mit Flitter mit Klebeband auf die Karte kleben und darüber die zusammengefügten Quadrate mit Schaumklebeband fixieren.

Karte mit Baum

1 Das Motiv mittig auf den Prägekarton mit der Leinenstruktur stempeln und den Weihnachtsbaum mit den Kristallen schmücken. Anschließend das Motiv freihand mit

einer großen Schere konkav zuschneiden. Das Kärtchen kann gerne etwas asymmetrisch ausfallen – das gibt der Karte Dynamik.

2 Kleben Sie den Prägekarton mit dem Klebeband auf den fliederfarbenen Tonkarton und schneiden Sie diesen so nach, dass nur noch ein schmaler Rand zu sehen ist. Zuerst den Prägekarton auf die Karte kleben und das Voileband anbringen, dann das Motivteil mit Schaumklebeband darauf befestigen.

MATERIAL KARTE MIT ENGEL

* Doppelkarte in Lila metallic, Quadrat
* Tonkarton Starlight in Lavendel, 6,5 cm x 6,5 cm
* Tonkarton Flitter in Weiß, 4 cm x 14,7 cm
* Tonkarton in Weiß metallic, ca. 2 cm x 2 cm
* Japanpapier in Aubergine, 7,5 cm x 7,5 cm
* Stempel: Himmlische Weihnachten
* Motivstempel: Engel (Himmlisch)
* Stempelkissen in Farblos
* Embossingpulver in Gold
* doppelseitiges Schaumklebeband, 1 mm stark
* doppelseitiges Klebeband, 6 mm breit

KARTE MIT BAUM

* Doppelkarte in Champagner metallic, B6
* Prägekarton Dots in Champagner, 5 cm x 16,5 cm
* Prägekarton Struktura Leinen matt in Lila, 7 cm x 9 cm
* Tonkarton Starlight in Lavendel, 8 cm x 10 cm
* Transparentpapier in Flieder, A5 (Einlegeblatt)
* Stempel: Baum (Zauberschön)
* Stempelkissen in Farblos
* Embossingpulver in Gold
* Voileband in Flieder, 2,5 cm breit, 50 cm lang
* ca. 20 selbstklebende Kristallsteine in Kristall und Lavendel, ø 2–3 mm
* doppelseitiges Schaumklebeband, 2 mm stark
* doppelseitiges Klebeband, 6 mm breit

Weiße Weihnachtsträume

geben Wünschen Raum

MATERIAL

KARTE MIT STERN

* Maulbeerpapier in Wollweiß, 15 cm x 29,7 cm
* Transparentkarton in Weiß, 6,5 cm x 14,9 cm
* Tonkarton in Weiß metallic, 14,5 cm x 14,5 cm (Innenkarte)
* Stempel: Glücksstern
* Stempelkissen in Farblos
* Embossingpulver in Silber
* Organzaband mit Satinkante in Weiß, 1 cm breit, 10 cm lang
* Lochzange, ø 6 mm

KARTE MIT ENGEL

* Doppelkarte in Weiß, B6
* Prägekarton Klassik in Hochweiß, 11 cm x 16,5 cm
* Transparentpapier in Weiß, 6 cm x 21 cm
* Kuvert in Weiß metallic, 5,2 cm x 7 cm
* Stempel: Für Träume, Wünsche, Luxus
* Motivtempel: Putte auf Wolke
* Stempelkissen in Farblos
* Embossingpulver in Silber
* Satinband in Blütenweiß, 3 mm breit, 60 cm lang
* 9 selbstklebende Kristallsterne in Kristall, ø 5 mm
* doppelseitiges Schaumklebeband, 1 mm stark
* doppelseitiges Klebeband, 6 mm breit

Karte mit Stern

1 Stempeln Sie den Stern zentriert auf das Transparentpapier und beschriften Sie die Innenkarte mit einem silberfarbenen Lackmalstift oder Gelstift. Dann das Maulbeerpapier falten und den Tonkarton in die Doppelkarte legen. Die beiden Löcher wie abgebildet stanzen.

2 Abschließend legen Sie das vorbereitete Transparentpapier auf die Karte, stanzen die Löcher und bringen das Band an. Die Löcher nacheinander zu stanzen, ist dadurch, dass das Deckpapier transparent ist, problemlos möglich und wesentlich leichter.

Mein Tipp für Sie

Variieren Dieses reduzierte Modell hat eine sehr charaktervolle Ausstrahlung. Es kann in allen Farben und mit den unterschiedlichsten Motiven oder Schriftzügen umgesetzt werden, ganz monochrom oder auch mit starken Kontrasten. Probieren Sie aus, welche Zusammenstellung Ihnen am besten gefällt!

Karte mit Engel

1 Den Schriftzug wie abgebildet auf das Kuvert, die Putte auf die obere Hälfte des Transparentpapiers stempeln. Legen Sie das Transparentpapier etwas schräg auf den Prägekarton, knicken Sie die überstehenden Enden nach hinten und fixieren Sie sie mit Klebeband.

2 Den Prägekarton mit Klebeband auf die Karte kleben. Das Kuvert mit dem Schaumklebeband befestigen und die Karte mit den Kristallen dekorieren. Zuletzt binden Sie das Satinband zweimal um die Karte und verknoten die Enden auf der Vorderseite.

Mein Tipp für Sie

Das Band anbringen Soll die Karte zu öffnen sein, ohne dass das Band entfernt werden muss, schneiden Sie mit einem Skalpell einen kurzen Schnitt in den Kartenfalz und binden das Band lediglich um die Kartenvorderseite.

Liebe
Glück
Feiertage
Glanz
Freude
Kerzen
Für Träume
Wünsche
Luxus

Weihnachtsbäume

festlich geschmückt

MATERIAL
KARTE

* Doppelkarte in Champagner metallic, B6
* Tonpapierstreifen in Champagner metallic, 6 cm x 16,5 cm
* Tonkarton in Baccara metallic, 6 cm x 8,5 cm und A6 (Innenkarte)
* Aquarellpapier, satiniert, 5,3 cm x 8 cm
* Stempel: Es weihnachtet sehr (mit Tannen)
* Stempelkissen in Farblos
* Embossingpulver in Gold
* Aquarellfarbe in Rot, Grün und Gelbgrün
* feiner Pinsel
* Voileband in Weiß, 1,5 cm breit, 50 cm lang
* doppelseitiges Schaumklebeband, 2 mm stark
* doppelseitiges Klebeband, 6 mm breit

WINDLICHT

* Transparentpapier in Vanille, 9 cm x 21 cm
* Prägekarton Struktura Leinen Pearl in Grün, 3 cm x 21 cm
* Stempel: Es weihnachtet sehr (mit Tannen)
* Stempelkissen in Burgundy
* Embossingpulver in Transparent
* Kordel in Limettengrün, ø 2,1 mm, 1 m lang
* Tacky Tape-Band, 6 mm breit

Karte

1 Stempeln Sie das Motiv auf das Aquarellpapier und kolorieren Sie es mit den Aquarellfarben. Während die Farben trocknen, das helle Tonpapierstück wie abgebildet mit Klebeband auf die Kartenvorderseite kleben und das Band um den Kartendeckel knoten.

2 Kleben Sie das getrocknete Aquarellmotiv mit Klebeband auf den roten Tonkarton und diesen mit Schaumklebeband auf die Weihnachtskarte. Die Innenkarte können Sie mit einem goldenen Lackmalstift beschriften und mit Klebeband in die Karte kleben.

Mein Tipp für Sie

Motiv kolorieren Ein Motiv wie dieses mit Aquarellfarben zu kolorieren, ist ein Vergnügen. Die erhabenen Embossingkonturen lassen die Farbe abperlen und geben etwas Führung. Jedes Bild sieht anders aus – mal kräftiger, mal blasser, mal gleichmäßiger, mal lebendiger. Lassen Sie sich überraschen!

Windlicht

Sie können diese Idee mit jedem zylinderförmigen Glas nacharbeiten. Passen Sie dafür die Papiergröße gegebenenfalls an, indem Sie zunächst einen Prototypen aus einfachem Papier fertigen. Embossen Sie das Motiv auf die oberen zwei Drittel des Transparentpapiers und fixieren Sie dieses zusammen mit dem grünen Prägekarton mit dem Tacky Tape auf dem Glas. Die Kordel umbinden und fertig!

ES WEIHNACHTET SEHR

Hüttenzauber

cool as a moose

MATERIAL

KARTE

* Motivkarton mit Holzoptik, 10,5 cm x 34 cm
* Prägekarton Dots in Dunkelbraun, 6 cm x 7 cm
* Tonkarton Mi Teintes in Gris clair, 6 cm x 7 cm, und in Bordeaux, 9 cm x 16 cm
* Tonkarton in Weiß metallic, 6 cm x 7 cm
* Stempel: Frohe Weihnachten
* Motivstempel: Elch (Knut)
* Stempelkissen in Farblos
* Embossingpulver in Schokolade und Platin
* Karoband in Rot-Weiß, 1,5 cm breit, 15 cm lang
* doppelseitiges Schaumklebeband, 3 mm stark
* doppelseitiges Klebeband, 6 mm breit
* Gelstift in Silber
* Falzbein

KUGEL

* Weihnachtskugel in Rot, ca. ø 7 cm
* Wollschnur in Rot, 5 mm stark, 70 cm lang
* Dekoband in Rot-Weiß gemustert, 1 cm breit, 50 cm lang
* Lackmalstift in Silber, Strichstärke 2–4 mm

Karte

1 Den Elch einmal auf den grauen und einmal auf den weißen Tonkarton stempeln, genau wie auf der Abbildung ausschneiden und beide Teile mit dem Schaumklebeband zusammenkleben. Das fertige Teil mit dem Klebeband auf den Prägekarton setzen.

2 Den Motivkarton so falten, dass die hintere Klappe 21 cm und die vordere 13 cm lang ist. Dazu den Knick mit dem Falzbein vorprägen! Die seitlichen Kanten mit dem Klebeband verschließen. Anschließend den Schriftzug auf den unteren Rand der Kartenhülle stempeln und die Innenkarte mit dem Gelstift beschriften.

3 Das Karoband um die Karte knoten und das vorbereitete Motiv mit dem Schaumklebeband befestigen. Zuletzt die Karte in die Hülle stecken.

Mein Tipp für Sie

Zeit sparen Wer viele Karten benötigt oder weniger Zeit hat, kann selbstverständlich den Elch ohne den grauen Hintergrund anfertigen. Das wirkt weniger plastisch, ist aber immer noch ausdrucksstark.

Kugel

Beschriften Sie die Kugel mit dem Lackmalstift. Knoten Sie sie anschließend an die Wollschnur und verzieren Sie diese mit dem Dekoband. Diese Weihnachtsbotschaft kommt besonders gut an, wenn Sie sie dem Empfänger einfach heimlich vor die Türe hängen.

Meine Lieben,
ich wünsche Euch ein
im Schnee
herzlich
Frohe Weihnachten

Kleine feine Schachteln

ein stimmungsvoller Weihnachtsgruß

MATERIAL

* verschiedene Tonkartons und Prägekartons, z. B. in Rot-Weiß oder Grün-Weiß kariert oder gestreift, in Rot, Hellgrün oder Grün
* Motivlocher mit weihnachtlichen Motiven
* verschiedene Bänder in Rot, Grün und Weiß
* ggf. Kerzentülle aus Metall
* ggf. Teelicht oder kleine Stabkerze
* Falzbein
* Skalpell
* Bastelkleber

VORLAGE

Bogen A

1 Zunächst werden die Vorlagen für Boden und Deckel als Schablone benötigt. Hierfür entweder die Vorlage kopieren oder nach dem gezeigten Muster selbst eine Schachtelvorlage erstellen. Das geht ganz einfach auf kariertem Papier. Variieren Sie dabei nach Belieben die Größe der Bodenfläche oder die Höhe der Seitenteile.

2 Die Schablone auf die spätere Innenseite des Papiers legen. Die äußeren Kanten mit einem Bleistift anzeichnen, die Knickkanten mit dem Falzbein vorprägen.

3 Die ausgeschnittenen Teile nun mithilfe des Falzbeins exakt falten und mit Bastelkleber zusammenfügen. Bastelkleber klebt schnell und transparent. Da er wie jeder Leim auf Wasserbasis ist, bitte immer nur wenig auftragen, damit sich das Papier nicht wellt.

4 Die fertige Schachtel füllen und dekorieren. Lassen Sie Ihren Ideen freien Lauf. Die Beispiele auf dem Foto sollen Ihnen nur zur Anregung dienen.

Hinweis: Auf www.frech.de/topp3864/ steht diese Vorlage auch zum Downloaden und Ausdrucken für Sie bereit.

Mein Tipp für Sie

Kleine Geschenke Diese Schachteln eignen sich ganz hervorragend für Pralinen, Bonbons, Blumensamen, einen Leporello mit einem Gedicht oder einer Geschichte und vielem mehr. Auch als Geldgeschenk bestechen sie durch ihre kreative Fröhlichkeit.

Weihnachtsmann & Co.

wecken Festfreude

MATERIAL KARTE

* Doppelkarte in Weiß metallic, B6
* Tonkarton Dots in Rot, 8 cm x 16,7 cm
* Tonkarton Mi Teintes in Bordeaux, 4,2 cm x 16,7 cm und 10,5 cm x 14, 8 cm (Innenkarte)
* Aquarellpapier, satiniert, 3 cm x 10 cm
* Stempel: Frohe Weihnachten
* Motivstempel: Dreierlei Weihnachtsmotive
* Stempelkissen in Farblos
* Embossingpulver in Gold und Weiß
* Aquarellfarbe in Grün und Rot
* feiner Pinsel
* Karoband in Rot-Weiß, 5 mm breit, 60 cm lang
* doppelseitiges Schaumklebeband, 1 mm stark
* doppelseitiges Klebeband, 6 mm breit
* Gelstift in Weiß

ANHÄNGER

* Prägekarton Struktura Leinen matt in Rubinrot, 5,5 cm x 19 cm
* Prägekarton Struktura Leinen Pearl in Birkengrün, 3,7 cm x 10 cm
* Tonkarton in Hellgrün-Weiß kariert, 2 cm x 17 cm
* Tonkarton Mi Teintes in Bordeaux, 3 cm x 9,3 cm
* Motivstempel: Dreierlei Weihnachtsmotive
* Stempelkissen in Farblos
* Embossingpulver in Weiß
* Kordel in Blattgrün, ø 2,6 mm, 40 cm lang
* doppelseitiges Schaumklebeband, 1 mm und 2 mm stark
* doppelseitiges Klebeband, 1,2 cm breit
* Gelstift in Weiß
* Lochzange, ø 6 mm

Karte

1 Den gepunkteten Tonkarton mit Klebeband auf die Doppelkarte kleben. Den Schriftzug unten rechts auf den Struktur-Tonkarton stempeln (in Weiß).

2 Binden Sie das Karoband um die Kartenvorderseite und binden Sie eine große Schleife.

3 Das Motiv auf das Aquarellpapier embossen (in Gold). Anschließend die drei Weihnachtsfiguren mit der Aquarellfarbe kolorieren. Der Farbverlauf entsteht, wenn Sie nach der unteren Hälfte des Hintergrunds die Pinselspitze schnell ins Wasser tauchen und mit etwas stärker verwässerter Farbe weitermalen.

4 Die drei getrockneten Motivteile ausschneiden und mit Schaumklebeband wie abgebildet auf die Karte kleben.

Mein Tipp für Sie

Innenkarte beschriften Die Innenkarte sollten Sie unbedingt mit einem weißen Gelstift beschriften – das passt perfekt zum Stil dieser fröhlichen Weihnachtskarte.

Anhänger

Stempeln Sie die drei Motive auf das kleinste Papierrechteck. Anschließend die einzelnen Teile wie abgebildet mit dem doppelseitigen Klebeband und dem Schaumklebeband zusammenfügen. Oben ein Loch einstanzen, die Kordelenden durchziehen und verknoten. Den äußersten Rand mit dem Gelstift verzieren und unten den Namen ergänzen.

Frohe Weihnachten
Lukas

Helene Ludwig, Jahrgang 1972, ist in der Nähe von Karlsruhe zuhause. Bereits während ihres Studiums arbeitete sie in und für die Kreativbranche. Nach dem Staatsexamen entschied sie dann, freiberuflich kreativ tätig zu sein. Seit vielen Jahren veröffentlicht sie nun Kreativbücher zu verschiedenen Themen, entwirft Grafiken und entwickelt Produkte. Ihr Herz schlägt für die großen und kleinen Ideen, die aus Irgendetwas etwas Besonderes und Individuelles machen.

DANKE!

Ich bedanke mich wie immer ganz herzlich beim Team von Creativ Markt Butterer in Bruchsal, das mich verlässlich mit Rat, Tat, Ermutigung und Alltagserfahrung unterstützt und dafür sorgt, dass das benötigte Material der verschiedenen Hersteller rechtzeitig bereitsteht! Ein besonderes Dankeschön gilt auch dem Fotografen Michael Ruder (lichtpunkt, Stuttgart), dem es wieder einmal gelang, mich mit seinen perfekten und einfühlsamen Fotografien und Lichtspielen zu begeistern.

Die verwendeten Stempel sind von den Firmen Creativ Markt Butterer, Bruchsal, und Rayher Hobby GmbH, Laupheim. Sie sind urheberrechtlich geschützt und dürfen ausschließlich zu privaten, nicht kommerziellen Zwecken verwendet werden.

Anregungen oder Fragen können Sie direkt an die Autorin richten:
leser@HeleneLudwig.de

TOPP – Unsere Servicegarantie

WIR SIND FÜR SIE DA! Bei Fragen zu unserem umfangreichen Programm oder Anregungen freuen wir uns über Ihren Anruf oder Ihre Post. Loben Sie uns, aber scheuen Sie sich auch nicht, Ihre Kritik mitzuteilen – sie hilft uns, ständig besser zu werden.

Bei Fragen zu einzelnen Materialien oder Techniken wenden Sie sich bitte an unseren Kreativservice, Frau Erika Noll.
mail@kreativ-service.info
Telefon 0 50 52 / 91 18 58

Das Produktmanagement erreichen Sie unter:
pm@frechverlag.de
oder:
frechverlag
Produktmanagement
Turbinenstraße 7
70499 Stuttgart
Telefon 07 11 / 8 30 86 68

LERNEN SIE UNS BESSER KENNEN! Fragen Sie Ihren Hobbyfach- oder Buchhändler nach unserem kostenlosen Kreativmagazin **Meine kreative Welt**. Darin entdecken Sie vierteljährlich die neuesten Kreativtrends und interessantesten Buchneuheiten.

Oder besuchen Sie uns im Internet! Unter **www.frechverlag.de** können Sie sich über unser umfangreiches Buchprogramm informieren, unsere Autoren kennenlernen sowie aktuelle Highlights und neue Kreativtechniken entdecken, kurz – die ganze Welt der Kreativität.

Kreativ immer up to date sind Sie mit unserem monatlichen **Newsletter** mit den aktuellsten News aus dem frechverlag, Gratis-Bastelanleitungen und attraktiven Gewinnspielen.

IMPRESSUM

FOTOS: frechverlag GmbH, 70499 Stuttgart; lichtpunkt, Michael Ruder, Stuttgart; Helene Ludwig (Arbeitsschrittfotos hintere Klappe)
PRODUKTMANAGEMENT UND LEKTORAT: Susanne Pypke
GESTALTUNG: Heike Köhl
DRUCK: frechdruck GmbH, 70499 Stuttgart

Auflage: 5. 4. 3. 2. 1.
Jahr: 2014 2013 2012 2011 2010 [Letzte Zahlen maßgebend]

ISBN 978-3-7724-3864-6 • Best.-Nr. 3864 PRINTED IN GERMANY